AF395291

LES ANCIENNES LOIS DU DANEMARK,

PAR M. R. DARESTE.

EXTRAIT DU JOURNAL DES SAVANTS. — FÉVRIER 1881.

Il existe aujourd'hui deux collections des anciennes lois danoises, la première a été publiée de 1821 à 1846 par M. Kolderup Rosenvinge, professeur à l'Université de Copenhague. La seconde est due aux soins de M. Thorsen (1852-1853). Ces deux recueils, quoique inférieurs à la collection des lois suédoises publiée par M. Schlyter, infériorité dont on peut facilement se convaincre, en comparant la loi de Scanie publiée par Thorsen avec la même loi publiée, en 1859, par Schlyter, dans le neuvième volume du *Corpus juris Sueogotici*, n'en fournissent pas moins, dès à présent une base suffisante à l'étude de l'ancien droit danois.

L'ancien royaume de Danemark, au moyen âge, se composait de trois provinces ou plutôt de trois pays distincts, la Scanie, la Seeland et le Jutland. Le Halland et le Bleking se rattachaient à la Scanie, les îles de Laaland, Falster et Mœn à la Seeland, l'île de Fionie au Jutland qui s'étendait au sud jusqu'à l'Eyder, et comprenait ainsi le duché actuel de Slesvig, appelé alors Jutland méridional.

Ces trois pays avaient trois lois distinctes, qui furent rédigées par écrit dans le cours du XIIIe siècle; la rédaction n'eut pas d'abord de caractère officiel, mais on s'habitua à y voir l'expression exacte de la coutume en vigueur, et les livres qui la contenaient reçurent la sanction royale.

La plus ancienne est la loi de Scanie. La rédaction primitive qui remontait au XIIe siècle est perdue, mais elle a servi de modèle à deux autres rédactions que nous possédons encore, l'une en latin, par Andreas Sunesen, archevêque de Lund, écrite entre 1206 et 1215; l'autre en langue danoise, écrite entre 1203 et 1212.

Nous avons également deux rédactions de la loi de Seeland, toutes deux en danois, et attribuées l'une au roi Waldemar, l'autre au roi Erik, sans qu'on sache quels étaient ce Waldemar et cet Erik. Ce qu'il y a de certain, c'est que ces deux rédactions ont été faites par de simples particuliers, sans caractère officiel, que le texte qui porte le nom de Waldemar est antérieur à l'autre, enfin que l'un et l'autre ont été écrits après la loi de Scanie, entre les années 1220 et 1250.

Enfin la loi du Jutland, écrite en langue danoise, fut publiée par le roi Waldemar II, en 1241, à l'assemblée générale du royaume réunie à Vordingborg. Au texte primitif de cette loi s'ajoutèrent, dans la suite, des dispositions complémentaires connues sous les noms d'articles de Thord Degn (1354), et de Gloses de Knud Mikkelsen. Ce dernier était évêque de Viborg à la fin du xvᵉ siècle.

À la différence des codes suédois, les codes danois ne contiennent pas de dispositions relatives au droit ecclésiastique. Dès le xiiᵉ siècle, et probablement vers 1171, les évêques danois avaient réglé cette matière par des conventions passées avec les états de leur province. Nous possédons deux traités de ce genre, émanés l'un de l'évêque de Roeskilde, Absalon, pour la Seeland, l'autre de l'archevêque de Lund, Erskill, pour la Scanie.

Enfin, à côté des lois générales, il se créa un droit particulier pour les villes à mesure que les villes se fondèrent. Le plus ancien est celui de Slesvig, rédigé en latin, de 1200 à 1202. Flensborg emprunta d'abord le droit de Slesvig, puis se fit un droit particulier en 1284 (en langue danoise). Celui d'Aabenraa (en latin), date de 1335. Celui d'Haderslev (en danois) fut confirmé par le duc Waldemar en 1292. Dans le Jutland septentrional, le droit de Slesvig fut donné dès le xivᵉ siècle aux villes de Horsens et Ebeltolft. Le droit de Ribe, publié en 1269, est emprunté en partie à celui de Lübeck. Il fut bientôt appliqué à toutes les villes du Jutland et de la Fionie, spécialement à Nyborg (1271). On trouve cependant des lois particulières pour Aalborg (1342), Viborg (1440), Kolding (1327), Aarhus (1441), Skagen (1507) et en Fionie Odense (entre 1340 et 1375). En Seeland, la plus ancienne charte de Copenhague est de 1254 (en latin). Celle de Roeskilde, confirmée en 1268, fut accordée à d'autres villes. En Scanie, à la même époque, Lund reçut une charte qui fut ensuite donnée à toutes les villes de la province, et fut désignée, comme en Suède et en Norvège, sous le nom de droit municipal commun, *Biærkeræt*.

Nous ne parlons que pour mémoire des statuts des ghildes ou corporations.

Les ordonnances royales méritent plus d'attention. Une des plus anciennes est l'ordonnance du roi Knut sur le meurtre, et l'abolition du jugement de Dieu (28 décembre 1200). La plus importante est l'ordonnance de Frédéric II sur le droit maritime, publiée en 1561.

Vers la même époque on s'occupa, en Danemark, de codifier les lois existantes et de les ramener à une seule. Lorsque la révolution de 1660 eut créé la monarchie absolue, un des premiers soins du nouveau gouvernement fut de nommer une commission pour la rédaction du nouveau code, qui fut publié plus de vingt ans après, en 1683, sous le nom de loi danoise de Christian V, *Kong Christian den femtes Danske Lov*. Il est encore en vigueur aujourd'hui, et fut même introduit en 1755 dans les Antilles danoises, mais non dans le Slesvig, qui resta toujours sous l'empire de l'ancienne loi du Jutland[1].

Les lois danoises appartiennent à une époque plus ancienne que les lois suédoises. Elles nous font connaître un état de civilisation antérieur. Nous y trouvons encore l'institution de l'esclavage. L'épreuve par le fer rouge (*jernbyrd*), abolie seulement par une ordonnance de Waldemar II (1202-1241), existe encore dans la loi de Scanie et même dans celle de Seeland; enfin la famille, en Danemark, est encore solidaire des crimes commis par un de ses membres; elle contribue au payement des amendes, comme elle prend sa part de celles qui sont dues.

Nous ne trouvons pas ici, comme dans les lois suédoises, un livre consacré au droit ecclésiastique, ni un autre traitant des droits du roi. Chaque code commence par régler l'ordre des successions et les droits de la veuve. Nous allons les parcourir rapidement en signalant les dispositions les plus singulières.

D'après la loi du Jutland (I, 27), la concubine devient épouse légitime lorsqu'elle est restée dans la maison pendant trois hivers, que, pendant tout ce temps, elle a partagé le lit du maître de la maison, bu et mangé avec lui, et qu'elle a porté ses clefs. C'est ainsi que, dans l'ancien droit romain, la puissance du mari sur la femme (*manus*) s'acquérait par une sorte d'usucapion d'un an (Gaïus I, 111).

La femme mariée est assimilée au mineur quant à la capacité, et ne peut aliéner que jusqu'à concurrence de cinq sous. Mais le régime des biens est celui de la communauté légale, à l'exclusion seulement des immeubles propres et des meubles recueillis par succession pendant le mariage. Cette restriction disparaît même dans les coutumes des villes et fait place à la communauté universelle. Le principe du partage égal et par moitié se trouve déjà dans la loi de Scanie et a toujours été pratiqué en Danemark.

---

[1] Outre l'*Esquisse de l'histoire des sources du droit scandinave*, par Konrad Maurer (Kristiania, 1878), on peut consulter l'*Histoire de la patrie*, par Allen (7ᵉ édition, Copenhague, 1870; traduite en français, Paris, 1879), et l'*Histoire du droit dunois*, par Kolderup-Rosenvinge (3ᵉ édition, Copenhague, 1860).

La veuve était sous la tutelle de son plus proche parent, sans le consentement duquel elle ne pouvait ni se remarier ni vendre sa terre. Dans les villes, toutefois, la tutelle des femmes ne se maintint que pour la forme. La femme choisissait et au besoin révoquait son tuteur.

L'enfant naturel héritait de sa mère comme l'enfant légitime, mais il n'héritait de son père qu'à la condition d'être reconnu par celui-ci devant le ting, encore ne pouvait-il recevoir au delà de la moitié de ce qu'il aurait eu s'il eût été légitime. Une ordonnance, qu'Andreas Sunesen appelle récente, donne à l'enfant naturel le droit de recueillir la succession tout entière à défaut d'enfants légitimes.

La majorité était fixée à l'âge de quinze ans. Toutefois, d'après la loi du Jutland, elle n'est complète et ne comporte le droit d'aliéner les immeubles qu'à dix-huit ans. Au xviiᵉ siècle, et sous l'influence des idées romaines, elle a été différée jusqu'à vingt-cinq ans.

L'ancien droit danois ne connaissait d'autre tutelle que la tutelle légitime du plus proche parent. Mais la loi du Jutland indique déjà qu'il appartient au roi de donner des tuteurs, et la tutelle dative devient peu à peu le droit commun des villes.

La propriété se transmet par tradition. Pour les immeubles, cette tradition prend un caractère solennel (*scotatio*, *skjödning*). Elle a lieu devant le ting. L'acheteur ôte son manteau et le remet aux témoins, qui le tiennent étendu. Le vendeur y jette une poignée de terre et déclare qu'il transfère la propriété à l'acheteur. Au moyen de cette cérémonie, la vente se trouve constatée par une preuve contre laquelle il n'y a pas de preuve. La *scotatio* se maintint jusqu'au xviᵉ siècle, époque à laquelle elle fut remplacée par l'emploi d'un acte écrit, inséré dans les registres du ting.

La possession d'un immeuble pendant trois ans (proprement trois récoltes, *threnne halma*) conférait au possesseur le droit de repousser toute revendication par son serment et celui d'un certain nombre de cojureurs, la preuve à faire dans ces conditions étant considérée comme un avantage et non comme un fardeau. Cette possession ou saisine s'appelait *laghahæfd*. A son défaut, le défendeur devait mettre en cause son auteur, *hiemmelsmand*, et ainsi de suite jusqu'à ce qu'il se rencontrât un possesseur pouvant invoquer la possession de trois ans. Celui-là prenait le fait et cause des autres, et faisait la preuve. A partir du xiiiᵉ siècle, l'usage s'introduisit, pour le possesseur, de prendre les devants, et d'assigner tous les intéressés devant le ting pour voir déclarer la propriété définitivement acquise par la possession. La déclaration écrite du ting constituait un titre contre lequel aucune preuve n'était admise. Les règles anciennes sur la saisine tombèrent en désuétude lorsque l'introduction d'un système rationnel de preuve eut fait de la preuve à fournir une charge et non un avantage. Ce qu'il y a de plus remarquable, c'est qu'on ne trouve pas de trace d'action possessoire, et encore aujourd'hui ces actions sont inconnues en Danemark.

En fait de meubles, la simple possession actuelle suffisait pour qu'on procédât de la même façon. Le possesseur jurait lui douzième, et avec deux témoins, qu'il avait acheté la chose au marché, ou qu'il l'avait fabriquée lui-même. S'il ne pouvait faire cette preuve, le revendiquant était admis à faire la preuve contraire avec moitié moins de cojureurs. Du reste, les ventes mobilières avaient lieu, en Danemark comme en Suède, avec l'assistance d'un ami, ou fidéjusseur de la vente, et de deux témoins (*viin oc vidne*).

Les lois écrites fournissent rarement des renseignements suffisants sur la constitution de la propriété rurale. Elles supposent connu l'état de choses auquel elles s'appliquent. Aussi sommes-nous heureux de trouver dans les lois danoises quelques chapitres sur ce sujet. On y voit très clairement comment ont eu lieu l'occupation et l'appropriation du sol. Plusieurs familles se réunissaient et découpaient en commun dans la forêt primitive un territoire qui s'appelait la *marche*. Les terres labourables (*kamp* « *campus* ») étaient divisées en plusieurs sections, suivant leur qualité et leur situation, et chacune de ces sections était ensuite également répartie entre toutes les familles, au moyen d'une mensuration uniforme (*rebning*, de *reb* « cordeau »). Les habitations étaient groupées sur une hauteur, mais sans se toucher. Chacune d'elle était entourée d'un espace libre pour les constructions accessoires et le jardin potager; cet espace était appelé *huustoft*. Enfin en dehors des terres labourables était le communal, prairies naturelles, bois, terres vaines et vagues dont la jouissance appartenait à tous (*allmenning*, « la terre de tous, » ou *over-drev*, « le pâturage »). L'ensemble des parcelles appartenant à chaque chef de famille s'appelait *bool*, la culture. Tout le territoire communal était soumis au même système d'exploitation, c'est-à-dire à l'assolement triennal, seigle, orge, jachère, et sur tous les terrains en jachère s'exerçait la vaine pâture. Tous les chefs de famille étaient propriétaires avec des droits égaux. C'est ce qu'on appelait le village primitif, *by, adelby*.

En cas d'empiètement d'un voisin sur l'autre, les droits de chacun se déterminaient facilement. Il suffisait de mesurer de nouveau, au cordeau, les lots de chaque section, en allant toujours de l'est à l'ouest. Chaque habitant du village avait le droit de provoquer cette opération, qui effaçait toutes les possessions en ramenant tous les cultivateurs à leur titre

primitif. En dehors de la marche, et sur le territoire qui n'appartenait à
personne, un habitant pouvait occuper privativement une certaine quan-
tité de terrain, la défricher et la mettre en culture, soit par lui-même,
soit par des métayers ou des fermiers. C'est ce qu'on appelait *ornum* ce qui
veut dire sans doute le « terrain *occupé hors* de la marche. » Ces cultures
isolées se multipliaient parfois, de manière à former à leur tour une agglomération, mais cette agglomération restait toujours inférieure au village primitif. Elle prenait le nom de « hameau » (*torp*). Souvent le hameau
était une colonie destinée à absorber le trop plein de la population du
village, mais la métropole avait toujours un droit supérieur. Pendant
trois ans elle pouvait contraindre les colons à revenir habiter le village.
Le village n'eût-il plus qu'un seul habitant, celui-là pouvait rappeler
tous les autres et les ramener à l'exécution du contrat primitif. La loi
du Jutland contient, à cet égard, une disposition formelle.

Les choses se sont passées de même dans tous les pays scandinaves,
du moins en Suède, où les anciennes lois rappellent l'origine et la constitution de la propriété rurale. On trouve des traces de ces vieilles insti-
tutions même en Norvège, quoique moins distinctes. Mais, si le point de
départ a été le même dans les trois royaumes, il s'en faut de beaucoup
que la condition de la population rurale se soit maintenue et déve-
loppée de la même façon. En Danemark, les guerres continuelles, les
invasions des Wendes et des Allemands, après la mort du dernier des
Waldemar, appauvrirent la classe agricole. En même temps, la substi-
tution de la cavalerie à l'infanterie dans les guerres amena la création
d'une noblesse territoriale. Les riches propriétaires, ceux qui pouvaient
avoir un cheval de guerre, une armure complète, des écuyers armés et
montés, prirent en peu de temps une influence prépondérante, politique
et sociale. Les paysans libres disparurent rapidement; ils furent rem-
placés par des affranchis ou par des fermiers ou plutôt des censitaires,
trop pauvres pour s'acquitter envers le maître autrement qu'en nature
ou en services. De là la corvée, les droits seigneuriaux et enfin l'interdic-
tion de quitter la seigneurie pour aller s'établir ailleurs. Ainsi naquit la
servitude de la glèbe. Inconnue en Danemark au xiii° siècle, elle y était
complètement établie au xvi° et n'a disparu qu'à la fin du siècle dernier.
Nulle part elle ne fut plus dure et plus oppressive. La Norvège, protégée
par sa situation et ses montagnes, ne fut pas atteinte par cette plaie de
la servitude qui s'étendit, à la même époque, sur la plus grande partie
de l'Europe. La noblesse même ne put pas s'y établir. Mais en Suède la
lutte fut longue et pénible, et la liberté aurait fini par succomber comme
en Danemark, si la résistance des paysans n'avait pris un caractère na-

tional, et n'avait trouvé des chefs comme Engelbrecht, les Sture et enfin les Wasa.

Nous trouvons, en ce qui concerne les successions, des dispositions analogues à celles des lois suédoises. Les filles succèdent, mais elles ne prennent que demi-part en concurrence avec des fils. La représentation, inconnue dans la loi de Scanie et dans l'ancienne loi de Seeland, apparaît pour la première fois dans la nouvelle loi de Seeland, mais seulement pour les petits-fils. La loi du Jutland admet la représentation à l'infini dans la ligne descendante. L'époux survivant recueille la moitié des biens, à l'exception des biens propres, lorsqu'il n'y a pas d'enfants nés du mariage, et, dans le cas contraire, il prend une part d'enfant. Pour bien comprendre ces dispositions, il faut ne pas perdre de vue que le partage de la communauté se confond avec le partage de la succession. La succession n'est, en général, autre chose que la liquidation d'une communauté taisible, qui existait entre tous les membres d'une même famille, vivant ensemble dans la même maison et confondant tous leurs biens dans une seule masse. Au décès du chef, la société se dissout et chacun prend sa part.

Les contrats se forment, en général, par le seul consentement. Toutefois ils ne deviennent irrévocables que quand les parties se sont donné une poignée de main (*haandslag*). Il est d'usage de les publier au ting, soit pour en rendre la preuve plus facile, soit pour en avertir les tiers.

Le droit criminel est le même que celui de la Suède. Il a pour principe la vengeance privée, et s'efforce de rétablir la paix par le moyen des compositions. La plus haute amende est de quarante marcs. Vient ensuite l'amende de neuf marcs, et enfin celle de trois marcs. Il y a un certain nombre de crimes atroces pour lesquels aucune composition n'est admise (*ubodemaal*); ce sont l'assassinat dans certaines circonstances, le vol, l'incendie, la haute trahison. Nous ne retrouvons pas, en Danemark, la diposition particulière du droit suédois relative aux crimes contre la paix du roi (*edzöre*). Les crimes dont il s'agit sont rangés soit parmi les crimes non rachetables, soit parmi ceux dont l'amende est de quarante marcs.

L'amende du meurtre se paye en trois fois, mais le coupable ne supporte qu'un tiers de chaque payement. Les deux autres tiers sont fournis, l'un par les parents paternels, l'autre par les parents maternels. Réciproquement, l'amende payée ne profite que pour un tiers au plus proche héritier du défunt. Les parents paternels en prennent un tiers et les parents maternels un autre. La répartition entre les parents, soit pour donner soit pour recevoir, a lieu suivant une progression décrois-

sante en raison de l'éloignement en degré. Les trois payements doivent
être terminés dans l'espace d'un an.

Si le meurtrier, assisté de cojureurs, venait déclarer avec serment,
sur la fosse de la victime, qu'il avait été provoqué par un coup ou une
blessure, l'amende qui lui était due pour ce coup ou cette blessure était
déduite de celle qu'il devait pour le meurtre. Il y a, sur ce point, une
disposition expresse dans les lois de Scanie et de Séeland.

Le vol, en Danemark, n'était puni de mort que quand la valeur de
l'objet volé dépassait un demi-marc. La peine de mort entraînait comme
conséquence la confiscation envers le roi, et la restitution, au simple
ou au double, envers la personne volée. Elle n'était, du reste, appliquée
qu'au vol manifeste, c'est-à-dire quand le voleur était trouvé vêtu et
saisi de la chose volée. Dans les autres cas, et quand l'objet volé ne va-
lait pas un demi-marc, le voleur en était quitte pour une peine corpo-
relle, avec amende et restitution. Mêmes dispositions que dans les lois
suédoises en ce qui concerne le droit de saisir le voleur manifeste, de
lui lier les mains, de le conduire au ting et de le pendre sans jugement.
Mêmes dispositions encore sur le droit de tuer le voleur de nuit ou le
voleur armé. Mêmes dispositions enfin sur le droit de perquisition
(*ranzsakan*), ses formes et ses effets.

Le pouvoir judiciaire est exercé, en Danemark comme en Suède, par
les assemblées populaires de la centaine ou de la province (*herredsting*,
landesting). L'assemblée se compose de tous les propriétaires libres sous
la présidence de l'intendant ou prévôt royal (*konglige ombudsmand*, ou
foged). Pour chaque affaire, un jury est désigné (*næfnde*). Les jurés sont,
en général, au nombre de douze, quelquefois moins, rarement plus. En
Séeland et en Scanie, ils sont nommés par la partie poursuivante, en
Jutland par le président de l'assemblée, mais toujours sauf le droit de
récusation, qui appartient au défendeur dans une large mesure. Du reste
le président n'a que la police de l'assemblée et veille à l'exécution des
jugements, mais il n'y participe pas.

A côté du jury, la loi du Jutland institue une juridiction particulière
qui n'a pas d'analogue dans les autres lois, c'est celle des hommes de la
vérité (*sandmænd*) ou juges nommés à vie par le roi, au nombre de huit
dans chaque centaine, avec une compétence déterminée en certaines
affaires civiles ou criminelles. Comme les jurés, ils rendent leur sen-
tence sous la foi du serment; mais, à la différence des jurés, ils reçoivent
une indemnité de voyage toutes les fois qu'ils se rendent au ting. C'est
un premier essai de tribunaux permanents, motivé par la nécessité pra-
tique. Les hommes libres ne se rendaient plus aux assemblées. Le même

fait s'était produit plus tôt dans l'empire franc, et Charlemagne avait dû y pourvoir par l'institution des *scabini*. Du reste, la nouvelle institution tomba en désuétude comme l'ancienne, et le pouvoir judiciaire passa de fait aux intendants et prévôts royaux, et au conseil du roi en dernier ressort.

La procédure primitive a été une tentative de conciliation. Si elle n'aboutissait pas, la guerre recommençait entre les parties. Si, au contraire, elle réussissait, alors se présentait la question de la preuve. A défaut d'aveu, on avait recours d'abord au duel judiciaire, puis, après l'abolition du duel, vers l'an 1000, au jugement de Dieu par l'épreuve du fer rouge (*jernbyrd*). Enfin l'épreuve du fer rouge fut elle-même abolie au commencement du XIIIᵉ siècle et remplacée par le serment.

La partie prête serment, soit seule, soit assistée de cojureurs dont le nombre est fixé par la loi et varie généralement suivant l'importance de l'affaire, depuis trente-six jusqu'à trois. Le nombre le plus ordinaire paraît avoir été celui de douze. C'est le seul que connaisse la loi du Jutland. Si la partie ne fournit pas le nombre de serments exigés par la loi, elle perd son procès.

En certains cas, les cojureurs devaient être pris parmi les parents de la partie (*kynsnæfnd*), et ils étaient alors désignés par la partie adverse, sauf récusation dans de certaines limites.

L'institution des cojureurs n'a disparu qu'au XVIᵉ siècle. C'est seulement à cette époque qu'un système rationnel de preuve a été établi en Danemark. Ce n'est pas que, dans le système des serments, le témoignage fût inconnu. Seulement il n'était admis, du moins en général, que comme un indice. Quand le demandeur produisait des témoins, alors le défendeur ne pouvait plus se justifier par un simple serment. Il devait se soumettre à l'épreuve du fer rouge ou à la décision du jury. En certains cas, le serment des cojureurs devait être fortifié par la déposition de deux témoins. Le seul témoignage qui fît pleine foi était celui des hommes du ting sur les choses qui s'étaient passées au ting (*thingswitnæ*). C'est ce que les Anglais appellent *record de cour*.

La conséquence la plus remarquable de ce système consiste en ce que la preuve à faire est considérée non comme une charge mais comme un avantage. En règle générale, cet avantage appartenait au défendeur, qui pouvait faire écarter la demande en prêtant serment, avec l'assistance de ses cojureurs. Ce droit ne disparaissait que dans le cas dont nous venons de parler, quand il s'agissait d'un crime et que le poursuivant produisait des témoins, ou bien encore dans le cas de flagrant délit.

La procédure est semblable à celle de la Suède. Jusqu'au xvii° siècle, elle est restée orale et publique. A cette époque, elle a fait place à la procédure écrite et secrète, au civil comme au criminel. Le défendeur était assigné à comparaître devant le ting. S'il ne comparaissait pas, il était réassigné au ting suivant. Au quatrième ting, il était considéré comme présent, et condamné, à moins qu'il ne présentât ou ne fît présenter une excuse, et ne produisît deux témoins.

L'exécution des jugements est abandonnée aux parties. Celle qui a obtenu une condamnation peut saisir les meubles ou les bestiaux de son adversaire, à titre de gage (*nam*); le même mot se retrouve dans l'ancien coutumier de Normandie (articles 63-68). Mais, pour arriver à un résultat, la partie est obligée de s'adresser au prévôt royal et d'obtenir son concours. Alors seulement celui qui a perdu son procès est tenu de s'exécuter, et passible d'amende en cas de résistance.

Les anciennes lois du Danemark présentent, comme on le voit, la plus grande analogie avec celles de la Suède, chose assez naturelle d'ailleurs, puisque les deux peuples appartenaient à la même race et parlaient la même langue. Les différences sont venues plus tard. L'influence allemande a pénétré en Danemark, et le droit romain y a été sinon reçu, du moins connu et étudié. C'est pourquoi, de toutes les législations scandinaves, celle du Danemark est aujourd'hui la plus éloignée du type primitif, mais elle tend de plus en plus à y revenir, grâce au mouvement de concentration et d'unification qui rapproche depuis un demi-siècle les trois royaumes du Nord.

IMPRIMERIE NATIONALE. — Mars 1881.

www.ingramcontent.com/pod-product-compliance
Ingram Content Group UK Ltd.
Pitfield, Milton Keynes, MK11 3LW, UK
UKHW021056120726
13693UKWH00006B/2658